Published by Gunpowder Press
David Starkey, Editor
PO Box 60035
Santa Barbara, CA 93160-0035

Cover artwork: Rebecca Clayman

ISBN-13: 978-1-957062-14-3

www.gunpowderpress.com

Alba and Other Songs
Alba y otros cantos

Poems | Poemas

Fred Arroyo

Emma Trelles
Alta California Series Editor

Gunpowder Press • Santa Barbara
2024

CONTENTS

Alba Blanca   10

Mar Adentro (Sea Within)   14

Before My Father Dreaming   16

Andalucían Pony   20

On the Necessary and the Beautiful   24

Work Song   28

Alba   30

Swallowing the Moon   32

Dusk Song   34

Rock God   36

Paper Birch   38

ÍNDICE

Alba blanca   11

Mar adentro   15

Ante mi padre soñando   17

Poni andaluz   21

Sobre lo necesario y lo bello   25

Canto del trabajo   29

Alba   31

Tragando la luna   33

Canto del anochecer   35

Dios de piedra   37

Abedul de papel   39

But dawn—dawn is a gift. Much is revealed about a person by his or her passion, or indifference, to this opening of the door of day. No one who loves dawn, and is abroad to see it, could be a stranger to me.

—Mary Oliver, *Upstream: Essays*

Dawn through a garden. Clarity to leaves, fruit, the dark yellow of the King Coconut. This delicate light is allowed only a brief moment of the day.

—Michael Ondaatje, *Running in the Family*

Pero el amanecer, el amanecer es un regalo. Mucho se revela acerca de una persona por su pasión o indiferencia, hacia esta apertura de la puerta del día. Nadie que ame el amanecer, y esté presente para verlo, podría ser un extraño para mí.

—Mary Oliver, *Upstream: Essays*

El amanecer a través de un jardín. Claridad en las hojas, frutas, el amarillo oscuro del King Coconut. Esta luz delicada solo se tiene un breve momento del día.

—Michael Ondaatje, *Running in the Family*

Alba Blanca

My father hardly ever said a word to me.
He held his language, his family,
his lovely garden so close
to his rolled up sleeves, so tight
within his fists, that words, I thought,
must be terrible, so painful
he never wanted to mouth them,
only wanted to strike them,
never wanted to release them
like the white butterflies fluttering
between his pumpkin blossoms
and green rosemary,
never wanted to inflict them
like the leather strap
he took from a rusty nail
on a post in the kitchen
to quiet my questions,
my eager and loud talking,
my childhood singing.

Later, in a dream, I found my father
sitting on a wrought-iron bench
in the Park of Pigeons.
There was a blue fountain pen,
the nib a shiny fine gold.
A notecard streaked with
pigeon shit, the words
elegant purple lines
like waves searching for a shore.
The shadows of palms

Alba blanca

Mi padre casi nunca me decía más de una palabra.
Resguardaba su lenguaje, su familia,
su hermoso jardín muy cerca
entre sus mangas enrolladas, tan apretado
dentro de sus puños, que las palabras, pensé,
debían ser terribles, tan dolorosas
que nunca quería pronunciarlas,
solo quería golpearlas,
nunca quería liberarlas
como las mariposas blancas revoloteando
entre sus flores de calabaza
y romero verde,
nunca quería infligirlas
como la correa de cuero
que tomaba de un clavo oxidado
en un poste de la cocina
para acallar mis preguntas,
mi parloteo ansioso y ruidoso,
mi canto de infancia.

Más tarde, en un sueño, encontré a mi padre
sentado en un banco de hierro forjado
en el Parque de las Palomas.
Había una pluma azul,
la punta de oro fino y brillante.
Una tarjeta rayada con
excremento de paloma, las palabras
elegantes líneas moradas
como las olas en busca de una orilla.
Las sombras de las palmas

tiger-striped his open hands,
his thighs, the freshly picked tomatoes
ripening in a circle in front of his shoes
powdered with red dust.

Decades passed.
There was no time left to blame,
or forgive. I loved the smell
of old leather. His brown face,
streaked with salt, waves.
He wiped his eyes.
Opened his mouth.
We both looked to the sky
as the pigeons sprang up
and whirled in the alabaster light.

como rayas de tigre sobre sus manos abiertas,
sus muslos, tomates recién recogidos
madurando en un círculo frente a sus zapatos
cubiertos en polvo rojo.

Décadas pasaron.
No quedaba tiempo para culpar
o perdonar. Me encantaba el olor
del cuero viejo. Su rostro moreno,
marcado con líneas de sal y olas de mar.
Se secó los ojos.
Abrió la boca.
Ambos miramos el cielo
mientras las palomas se alzaban
y giraban en la luz de alabastro.

Mar Adentro (Sea Within)

I heard my father's sea
in the azure waves of his name,
and remember its animals
in that last hour before
he left for work.
He lifted me up
on top of the refrigerator,
sat down, drank his coffee,
laced up his boots.

Hijo, you are riding on the shoulders of a seahorse.

I felt the motor hum along my spine,
my legs wet, floating in warm blue waves,
galloping from wave to wave
in between the lime, saffron,
and bright red boats returning
home to the pueblo Arroyo.
My chest surged from my body.
My father stood, his arms wide.

In the sea I come from, they are this big.

He lifted me, holding me
just above the waves, holding me
within his boat strong hands.
He placed his palm on my chest,
as if to feel my heart, as if
to keep it beating hard and furious,
whispering:

Here, let the horses charge forever.

Mar adentro

Escuché el mar de mi padre
en las olas azules de su nombre,
y recuerdo a sus criaturas
en esa última hora antes de
que se fuera a trabajar.
Me levantó
sobre la refrigeradora,
se sentó, tomó su café,
se ató las botas.

Hijo estás montado sobre los hombros de un caballito de mar.

Sentí el zumbido del motor a lo largo de mi columna,
mis piernas mojadas, flotando sobre cálidas olas azules,
galopando de ola en ola
entre los colores lima, azafrán,
y rojo brillante de los barcos que regresaban
a casa en el pueblo de Arroyo.
Mi pecho se hinchaba fuera mi cuerpo.
Mi padre se puso de pie, con los brazos abiertos.

En el mar de dónde vengo, son así de grandes.

Me levantó, sosteniéndome
por encima de las olas, sosteniéndome
con sus fuertes manos de marinero.
Colocó su palma en mi pecho,
como si quisiera sentir mi corazón, como si
quisiera mantenerlo latiendo fuerte y furioso,
susurrando:

Aquí, deja que los caballos cabalguen por siempre.

Before My Father Dreaming

The cabin with its lights ablaze:
crooked pieces of driftwood
on the pine table, a vase
of purple and white lupine,
a glass of whiskey glowing
with the crackling birch fire.
Night rises with frog songs,
the bellowing lighthouse,
the ringing of the distant
channel markers on the edge
of this small island
just before sleep.

There are no boundaries
save the lines on maps.

There is no time
save the eye of memory.

Air liquid as the sea,
floating in that sea without a single stroke,
looking into a mirror without a face,
I am the night and I am the sea.

Blue, black, an inky drawn moon a fingertip away.
Let the cabin break from its pylons and drift
towards the shadows of midnight, as if,
in the ancient days, the whale-road might end

Ante mi padre soñando

La cabaña con sus luces encendidas:
trozos torcidos de troncos
sobre la mesa de pino, un florero
de lupinos morados y blancos,
un vaso de whisky resplandeciendo
con el fuego y el crepitar de abedul.
La noche se eleva con cantos de ranas,
el mugido del faro,
en tintineo de las boyas
lejanas en el borde
de esta pequeña isla
justo antes de dormir. .

No hay límites
salvo las líneas en los mapas.

No hay tiempo
salvo el ojo de la memoria.

Aire líquido como el mar,
flotando en ese mar sin un solo golpe,
mirando en un espejo sin rostro,
soy la noche y soy el mar.

Azul, negro, una luna tinta a un dedo de distancia.
Deja que la cabaña se rompa de sus pilotes y derive
hacia las sombras de la medianoche, como si,
en los días antiguos, el camino de ballenas pudiera terminar

and slowly the earth allows us to fall over the edge
without fear, suffering not a single goodbye.
Tierra del Fuego disappears.

To circle back, contrary to latitude or longitude,
enter the front door, enter unexpected,
feel once again an open palm
touch the back of your head.
Like a father standing in candlelight,
like a father walking in a cane field
machete glinting in lamp light,
like a father rowing a red boat
in the phosphorescent waters
near the shore of Arroyo,
like a father in a hospital room
holding you in his strong brown hands,
or is it you, as you drift into sleep,
holding his hand, his head lying
against a soft blue pillow, your father
approaching the last night
he will ever dream your face.

y lentamente la tierra nos permitiera caer al borde
sin miedo, sin sufrir un solo adiós.
Tierra del Fuego desaparece.

Para volver en circulo, en contra de la latitud o longitud,
entra por la puerta principal, entra inesperadamente,
siente una vez más una palma abierta
tocar la parte posterior de tu cabeza.
Como un padre de pie a la luz de las velas,
como un padre caminando en un cañaveral
con el machete brillando bajo la luz de la lámpara,
como un padre remando un barco rojo
en las aguas fosforescentes
cerca de la orilla de Arroyo,
como un padre en una habitación de hospital
que te sostiene en sus fuertes manos morenas,
o eres tú, mientras te deslizas hacia el sueño,
quien sostiene su mano, su cabeza recostada
en una suave almohada azul, tu padre
acercándose hacia la última noche
en que soñará tu rostro.

Andalucían Pony

You took me to see a train
of broken clouds winding through
an azure sky. My arms around
your neck, the pulse of muscle and blood,
sweet smell of hay and sweat,
apples and oats, red field dust
powdered on the trunks
of the blooming olive trees.
My hands. Your mane.

The trees thrashed in the wind,
white flowers new words
drifting up into the sea of sky, your neck
palo veritas, strong, as you galloped
with the clouds, each strike of your hooves
jolting my shoulders like a cold silver stream.

In that ancient barrio I come from,
there was a tram that ran
to where the roads disappeared,
the lemons in the grove
still wet with night.

The last five miles I walked in the dawn
were nothing when I saw you standing
like a stone of patience in your corral.

The sea of Valencia on the horizon,
white waves—gulls, a pageant of lilies
swaying with each flick of your black tail.

Poni andaluz

Me llevaste a ver un tren
de nubes rotas serpentear
por un cielo azul. Mis brazos alrededor
de tu cuello, el pulso de músculo y sangre,
el dulce olor a heno y sudor,
manzanas y avena, polvo rojo del campo
espolvoreado en los troncos
de los olivos florecientes.
Mis manos. Tu melena.

Los árboles azotaban en el viento,
flores blancas nuevas palabras
a la deriva hacia el mar de tu cielo, tu cuello
palo veritas, fuerte, mientras galopabas
con las nubes, cada golpe de tus cascos
sacudiendo mis hombros como un arroyo de plata fría.

En ese antiguo barrio de dónde vengo,
había un tranvía que corría
hasta donde las carreteras desaparecían,
los limones en el huerto
aún húmedos de la noche.

Los últimos cinco millas que caminé en el amanecer
no significaron nada cuando te vi parado
como una piedra de paciencia en tu corral.

El mar de Valencia en el horizonte,
olas blancas, gaviotas, un desfile de lirios
meciéndose con cada movimiento de tu cola negra.

Valiente, valiente,
todos las memorias
de su paso valiente.

You galloped like a cloud.

The world taught me
to no longer dream as a child,
to obliterate the clouds,
to turn my eyes from the sky.

O pony of Andalucía, *mi sombra azul,*
forever my blue horse of memory
galloping in the clouds.

Valiente, valiente,
todas las memorias
de tu paso valiente.

Galopaste como una nube.

El mundo me enseñó
a no soñar más como niño,
a borrar las nubes,
y apartar la mirada del cielo.

O poni de Andalucía, mi sombra azul,
por siempre mi caballo azul de la memoria
galopando entre las nubes.

On the Necessary and the Beautiful

for Anne Michaels

In the barrio where I come from, we didn't need a language
for the red horses standing against the red earth
on the edge of a sugar cane field, the green mountains

upturned hands raised to the sky
praising the god that is the sun.
They were horses.

They worked in the fields.
They took us over the mountains or down
the road to the pueblo of Arroyo.

The strong smell of tobacco and manure
when they sweated, or I might say *familiar*
fragrance when weighted by bags of coffee

or crates of chickens or guinea fowl
or a slaughtered pig ready for lechón asado.
I shall say today before I die

what didn't need to be said then:
horses were a beautiful necessity,
as necessary and beautiful as the air

we breathed. Or the memory
of my father, cradling me
in his arms, no bigger

than a loaf of bread

Sobre lo necesario y lo bello

para Anne Michaels

En el barrio de donde vengo, no necesitábamos un idioma
para los caballos rojos parados contra la roja tierra
en el borde de un cañaveral, las montañas verdes

palmas de las manos elevadas al cielo
alabando al dios que es el sol.
Ellos eran caballos.

Trabajaban en los campos.
Nos llevaban sobre las montañas o hacia abajo
por el camino que lleva al pueblo de Arroyo.

El fuerte olor a tabaco y estiércol
cuando sudaban o podría decir *fragancia*
familiar cuando cargaban bolsas de café

o cajas de pollos o pavos
o un cerdo sacrificado listo para ser lechón asado.
Diré hoy antes de morir

lo que no necesitaba decirse entonces:
los caballos eran una hermosa necesidad
tan necesarios y hermosos como el aire

que respirábamos. O el recuerdo
de mi padre, sosteniéndome
en sus brazos, siendo yo del tamaño

de una hogaza de pan

wrapped in muslin.
My father,

eyes sharp, smiling,
in the photograph,
sitting on his earth red horse.

envuelta en muselina.
Mi padre,

ojos agudos, sonriendo
en la fotografía,
sentado sobre su rojo caballo de tierra.

Work Song

Near Yauco, circa 1941, a young boy waits
for his father to return from work.
On red dirt roads, on the edges
of fields, under a row of banana trees,
the palm shadows like glinting machetes
on their arms, there are boys
waiting to walk home

with their fathers.
These are the bright afternoons
before they follow the men
into the fields and mountains:
days of sweat and dirt and smoke
ingrained in their clothes, their skins,
hands cutting in the burning fields,

picking coffee in the green mountains.
Their dreams blur together:
a new baseball, a steaming
bowl of chicken and rice,
a five-cent tablet and a penny pencil,
the smell of fresh tobacco,
the sweet burn of rum.

Like a rumor
the invisible hand
of a small god
guides the boy
down the road.

Canto del trabajo

Cerca de Yauco, alrededor de 1941, un joven espera
a que su padre regrese del trabajo.
En caminos de tierra roja, en los bordes
de los campos, bajo una fila de plátanos,
las sombras de las palmas como machetes relucientes
en sus brazos, aquí están los niños
esperando para caminar a casa

con sus padres.
Estas son las tardes brillantes
antes de que sigan a los hombres
hacia los campos y las montañas:
días de sudor y tierra y humo
impregnados en sus ropas, su piel,
sus manos cortando los campos ardientes,

cosechando café en las verdes montañas.
Sus sueños se mezclan:
una nueva pelota de béisbol, un humeante
plato de arroz con pollo,
una tableta de cinco centavos y un lápiz de un centavo,
el olor de tabaco fresco,
la dulce quemadura del ron.

Como un rumor,
la mano invisible
de un pequeño dios
guía al niño
por el camino.

Alba

Your song, chickadee, fierce
below the birch branches, their lime leaves.

You hop so assured to the shade of the purple gems
bees bouncing from bloom to bloom,

certain your *dee dee dee* will lead to seeds.
A wasp climbs up the window,

four panes splitting the birches into odd studies
of black and white, gold and brown, rippling torn bark

like broken bandages, your black cap lost as you spring
into dawn's cerulean, a white and gray smudge

promising azure's ascension into the morning's tone
(palette, tune, mood), new seed

sown into the rest of the day's light.
What would I be, small friend,

were it not for this early morning prayer,
this acceptance of your gifts:

each bird more than a glance
on the other side of a dusty window.

Alba

Tu canto, herrerillo, feroz
debajo de las ramas de abedul, con sus hojas verde lima.

Saltas con tanta seguridad a la sombra de las gemas moradas,
abejas saltando de flor en flor,

seguro de que tu *dee dee dee* conducirá hacia semillas.
Una avispa sube por la ventana,

cuatro paneles dividen los abedules en extraños estudios
de negro y blanco, dorado y marrón; cortezas rasgadas ondeando

como vendajes rotos, tu gorro negro perdido mientras saltas
hacia el azul cerúleo del amanecer, una mancha blanca y gris

prometiendo la ascensión del azul en tono matutino
(paleta, tono, estado de ánimo), nueva semilla

sembrada en el resto de la luz del día.
Qué sería de mí, pequeño amigo,

sin esta temprana oración de la mañana,
sin esta aceptación de tus regalos:

cada pájaro más que una mirada
al otro lado de una ventana polvorienta.

Swallowing the Moon

Alba, they say this November
seems the worst, but in December
and January we should brace ourselves:
many more will die. Some of us may survive.
What an exhausting yet beautiful drive—
731 miles in 12 hours,
the last corn fields golden,
the cottonwoods swaying
alongside Middle Creek,
Dry Creek, Spanish Creek,
creek after creek filling me
with watery music.
Miles and miles,
the moonroof open
so I might swallow
the blue moon rising.

Before dusk I slashed
quick lines on a notecard—
some 16 hawks and 7 coyotes.
There were too many deer to count.
Lying on its side in the grass
a doe. A regal red-tailed hawk
tearing away a strip of flesh
from her bloated stomach.

For a moment my throat clenched.
I couldn't swallow or catch my breath.
My tongue dry and thick against my teeth
until I crossed the swift currents of Plum Creek.

Tragando la luna

Alba, dicen que este noviembre
parece el peor, pero en diciembre
y enero debemos prepararnos:
morirán muchos más. Algunos podríamos sobrevivir.
Qué agotador, pero hermoso viaje,
731 millas en 12 horas,
los últimos campos de maíz dorado,
los álamos temblando
a lo largo de Middle Creek,
Dry Creek, Spanish Creek,
arroyo tras arroyo llenándome
de música acuática.
Millas y millas,
el techo corredizo abierto
para que pueda tragarme
la luna azul que se eleva.

Antes del anochecer tracé
líneas rápidas en una tarjeta,
unos 16 halcones y 7 coyotes.
Había demasiados ciervos para contar.
Tumbada de lado en el campo,
una cierva. Un majestuoso halcón de cola roja
arrancando un trozo de carne
de su vientre hinchado.

Por un momento, mi garganta se apretó.
No podía tragar ni recuperar el aliento.
Mi lengua seca y gruesa contra mis dientes
hasta que crucé las rápidas corrientes de Plum Creek.

Dusk Song

On the meandering path
swallows arc and swerve,
their dark lavender wings
grazing the tall grass tops.
I hope the swallows
lead me closer to home.

The tall grass tops
sparkle with the last
drops of daylight.
The wind stirs the aspens
and cools my scattered mind.
No room for aspen leaves
to gather on the ground.

The leaves rush like a yellow river
and grief I let you go, let
the tall grass tops,
the swallows' wings,
and the lavender light
carry me into dusk.

Canto del anochecer

En el sendero serpenteante,
las golondrinas hacen arcos y giran,
sus alas de lavanda oscura
rozando las puntas de la hierba alta.
Espero que las golondrinas
me guíen más cerca de casa.

Las puntas de la hierba alta
destellan con las últimas
gotas de luz del día.
El viento agita los álamos
y enfría mi mente dispersa.
Sin dar tiempo a que las hojas de álamo
se acumulen en el suelo.

Las hojas corren como un río amarillo
y, dolor, te dejo ir, dejo
que las puntas de la hierba alta,
las alas de las golondrinas
y la luz lavanda
me carguen hacia el anochecer.

Rock God

I see your broken shadow in the chunks of slate and marble, your face in the river's silver currents, your hands washed in first light when the sun warms the peak of Black Mountain. Look for me climbing slowly on a red trail through the birches, and if it is in your grace write your blessing on the fallen leaves, or on the strips of rustling bark that are beginning to awaken themselves as so many sheets of lost paper. I have taken to this trail to mend what some call a broken heart. I always thought it a figure of speech. Then, last night, under the moon, my chest buckled with its cold light and the purple fragrance of what was. This morning I'll take any blessing, gather your papers with or without verse or song. The day will be long. By Noon I may reach your summit and if I have the strength, I'll toss a rock back down the way I came, lifting a piece of you from shadow to golden light, as if you might return to your hard sisters and brothers scattered and exiled along the way. Once we celebrated spring with a long walk along the river. We counted three kingfishers flashing across the budding birches, and arriving at a bend in the road, two Belgian horses—majestic, muscles rippling, their blond manes like freshly woven rope—pulling a sled, the steel runners digging into the dirt road. The driver nodded, the runners scraped gravel, sharp sound of stones leaping from steel. We were silent for too long, without ever sharing the differences of our surprise. I wanted to tell you how I filled with wonder from the blurry blue gray the kingfisher smudged between the white trees. I want to tell you that I still bend over your pillow, catch the faint sound of your breath, the scent of lilacs, an empty road.

Dios de piedra

Veo tu sombra quebrada en los pedazos de laja y mármol, tu rostro en las corrientes plateadas del río, tus manos bañadas en la primera luz cuando el sol calienta la cima de Black Mountain. Búscame subiendo lentamente por un sendero rojo entre los abedules, y si te sientes lleno de gracia, escribe tu bendición en las hojas caídas, o en las tiras de corteza susurrante que comienzan a despertarse como hojas de papel perdido. He tomado este sendero para reparar lo que algunos llaman un corazón roto. Siempre pensé que era una figura retórica. Luego, anoche, bajo la luna, mi pecho se encorvó con su fría luz y el aroma morado de lo que una vez tuvimos. Esta mañana aceptaré cualquier bendición, recogeré tus papeles con o sin verso o canto. El día será largo. Para el mediodía, tal vez alcance tu cima y si tengo la fuerza, lanzaré una piedra de vuelta por donde vine, elevando un fragmento de ti, desde la sombra hasta la luz dorada, como si pudieras regresar a la dureza de tus hermanas y hermanos, dispersos y desterrados en el camino. Una vez celebramos la primavera con una larga caminata a lo largo del río. Contamos tres martines pescadores cruzando velozmente entre los abedules en brote, y al llegar a una curva en el camino, dos caballos belgas, majestuosos, de músculos ondulantes, y sus crines rubias como cuerdas recién tejidas, tirando de un trineo, y los patines de acero hundiéndose en el camino de tierra. El conductor asintió, los patines raspaban la grava, un sonido agudo de piedras saltaba desde el acero. Estuvimos en silencio durante demasiado tiempo, sin compartir nunca las diferencias de nuestra sorpresa. Quería contarte cómo me llené de asombro por el azul gris borroso que el martín pescador difuminó entre los árboles blancos. Quiero decirte que aún me inclino sobre tu almohada, capturo el débil sonido de tu aliento, el aroma de lilas, un camino vacío.

Paper Birch

I am homeless at home, and half gratified to feel I can be happy anywhere.
—John Clare, "Recollections etc. of journey from Essex"

When I strip one of your thin branches,
you offer the clean kiss of wintergreen
from beneath rough skin and cracked lips.
The woods sparkle with fresh snow.
Your fruit welcomed the hot summer days,
and your tiny winged seeds—catkins—now drop,
the wind blowing them miles from home
to begin again in soil unknown.

Abedul de papel

En casa soy sin hogar y medio satisfecho de saber que puedo ser feliz en cualquier lugar.

> —John Clare, "Recuerdos, etc., del viaje desde Essex"

Cuando despojo una de tus ramas delgadas,
ofreces el beso limpio de menta
bajo piel áspera y labios agrietados.
El bosque brilla con nieve fresca.
Tu fruto recibió los días calurosos del verano,
y tus diminutas semillas aladas—los amentos—caen ahora,
el viento las lleva a millas de casa
para empezar de nuevo en una tierra desconocida.

ACKNOWLEDGMENTS

Much thanks and appreciation to Kassie Rubico and Pablo Medina for welcoming me into their home and offering me the solitude and inspiration of the Rock River to write poems.

Pablo and Jim Peterson generously read the larger manuscript from which the poems for *Alba and Other Songs* are selected, and they each made vital suggestions to help me hear my voice.

Readers are essential, and my poems have been encouraged by Francisco Aragón, Gaylord Brewer, Rob Davidson, Allen Hibbard, Devin Johnston Michael Mejia, Benigno Trigo, and Laura Villareal.

Thank you to David Starkey and Chryss Yost for their editorship of Gunpowder Press, and the design of the chapbook.

For Judge Alexandra Lytton Regalado and series editor Emma Trelles choosing my poems for the Alta California Chapbook Prize—I'm honored. Thank you Alexandra for the translation, and Emma and Josué Andrés Moz for the Spanish style editing. You have translated my poems into new *cantos* I read with pleasure and wonder. *Mil gracias*.

The following poems have appeared, a few in slightly different forms, in various publications:

"Alba Blanca," "Mar Adentro (Sea Within)," "Before My Father Dreaming" in *Waxwing Literary Journal: American Writers & International Voices*.

"Alba" in *Notre Dame Review*.

"Dusk Song" and "Paper Birch" in Murfreesboro Poetry & Photography Calendar sponsored by Academy of American Poets and Poetry in the Boro.

"Rock God" in *Notre Dame Review*; and also in *Notre Dame Review: Milestone 50: The Anniversary Issue* [25th anniversary issue].

AGRADECIMIENTOS

Mi más sincero aprecio y agradecimiento a Kassie Rubico y Pablo Medina por acogerme en su hogar y ofrecerme la soledad e inspiración del *Rock River* para escribir poemas.

Pablo y Jim Peterson leyeron generosamente el manuscrito más amplio del cual se seleccionaron los poemas para *Alba y Otros Cantos*, y cada uno hizo sugerencias vitales para ayudarme a escuchar mi voz.

Los lectores son esenciales, y mis poemas han sido alentados por Francisco Aragón, Gaylord Brewer, Rob Davidson, Allen Hibbard, Devin Johnston, Michael Mejía, Benigno Trigo y Laura Villareal.

Gracias a David Starkey y Chryss Yost por su edición en Gunpowder Press, y el diseño del libro.

Para la jueza (Alexandra Lytton Regalado) y la editora de la serie (Emma Trelles) por elegir mis poemas para el Premio de Poesía de Alta California— deseo decir que me siento honrado. Gracias Alexandra por la traducción, y a Emma y Josué Andrés Moz por la edición al estilo español. Han traducido mis poemas a nuevos cantos que leo con placer y asombro. *Mil gracias.*

Los siguientes poemas han aparecido en diversas publicaciones:

"Alba blanca", "Mar adentro" y "Antes de que mi papá sueñe" en *Waxwing Literary Journal: American Writers & International Voices.*

"Alba" en *Notre Dame Review.*

"Canto del anochecer" y "Abedul de papel" en *Calendario de Poesía y Fotografía de Murfreesboro* patrocinado por la Academia de Poetas Estadounidenses y Poesía en la Boro.

"Dios de piedra" en *Notre Dame Review* y en *Notre Dame Review: Milestone 50: The Anniversary Issue* [número conmemorativo del 25 aniversario].

About the Poet

Fred Arroyo is the author of *Sown in Earth: Essays of Memory and Belonging*, which was shortlisted for 2021-2022 William Saroyan International Prize for Writing. He is also the author of *Western Avenue and Other Fictions* and *The Region of Lost Names*. His writing has appeared in the anthologies *Camino del Sol: Fifteen Years of Latina and Latino Writing* and *The Colors of Nature: Essays on Culture, Identity and the Natural World*. Fred's *Alba* is from a recently completed manuscript. He's working on a collection of short fictions, *The Book of Manuels*.

About the Translations

Translations by Alexandra Lytton Regalado, with Spanish style editing by Josué Andrés Moz and series editor Emma Trelles

Traducciones de Alexandra Lytton Regalado, con corrección de estilo en español de Josué Andrés Moz y editora de la serie Emma Trelles

www.ingramcontent.com/pod-product-compliance
Lightning Source LLC
Chambersburg PA
CBHW031300120626
46545CB00007B/2904